DE LA MONARCHIE

FRANÇAISE,

ET

DE SA CONSTITUTION

ESSENTIELLE.

D'HAUTEL, Imprimeur, rue de la Harpe, N°. 80.

DE LA MONARCHIE

FRANÇAISE,

ET

DE SA CONSTITUTION

ESSENTIELLE.

PAR UN JURISCONSULTE.

A PARIS,

CHEZ JANET ET COTELLE, LIBRAIRES,

Marchands de Musique, rue Neuve des Petits-Champs, n. 17.

1814.

AVERTISSEMENT.

J'avais composé le présent Mémoire dès les premiers momens de cette heureuse fin de la révolution française. J'en adressai un précis manuscrit au chef du Gouvernement provisoire.

Mais la constitution qui parut avec des signes de l'autorité publique me contint d'abord dans une sorte de respect, ensuite le déchaînement des diatribes qu'elle excita, me fit craindre d'y être mêlé ; je pensai aussi qu'il en sortirait des lumières supérieures qui rendraient mon zèle parfaitement inutile.

Mais depuis que notre auguste Monarque a daigné se borner à déclarer les bases de la constitution qu'il se proposait de promulguer en présence du Sénat et du Corps législatif, il m'est revenu dans la pensée que la voix la plus faible qui pourrait énoncer des principes utiles, ne ferait que payer une dette sacrée.

J'ai cru inutile d'y attacher mon nom. On ne voit que trop de noms connus accréditer de faibles écrits, et trop d'écrits assez bons perdre de leur prix par un nom ignoré.

DE LA MONARCHIE

FRANÇAISE,

ET

DE SA CONSTITUTION

ESSENTIELLE.

CHAPITRE PREMIER.

Ce que l'on peut se proposer en faisant une Constitution, dans les conjonctures actuelles.

DANS le premier jet du présent écrit, je me demandais s'il y avait lieu de faire une nouvelle constitution, et quelles en devraient être les bases. J'osais analyser quelques résultats de l'expérience du passé : j'en concluais hardiment qu'il n'y avait que du danger, et beaucoup de danger, dans une semblable entreprise, si l'on se fondait sur tout ce qui existe de relatif à cette œuvre, depuis les vingt-cinq ans de notre révolution ; je disais : combien d'élémens de violence et d'injustice en ont été la source et l'appui !

Mais la bonté ineffable de Sa Majesté, notre auguste Souverain, de ce vrai père du peuple, qui, daignant nous traiter comme des enfans égarés et même gâtés, si j'ose me servir de l'expression, ne craint pas de se prêter même aux discours de notre débauche politique ; sa bonté, dis-je, me font changer de langage.

Quelle magnanimité ! de professer hautement qu'il est résolu *d'adopter une constitution libérale*, et qu'il n'eût point hésité de sanctionner cette loi fondamentale venue de nous, si nous eussions su la faire avec le ton de réflexion et de sagesse qui doit en être le premier et le principal caractère !

Ne pensez pas cependant que Sa Majesté ait voulu avouer le besoin d'une loi fondée sur des maximes toutes nouvelles... qu'elle se soit plu à reconnaître que la France ait pu jusqu'à nos tristes agitations manquer des principes propres à fonder un gouvernement juste et sage.

Que présente donc cette idée d'une Constitution libérale ? Rien autre chose que le rappel de ce qu'il y a de règles les plus propres à affermir le trône et l'Etat sur ce que la justice et l'ordre ont de plus inébranlable.

C'est sans doute un malheur que ce mot prononcé avec une si haute et si noble indulgence, ait trop été dans cette redondance des *mots d'ordre*, que l'esprit de philosophisme dont les novateurs ont su s'armer, a implantés parmi nous, pour seconder leurs sinistres desseins. Mais il faut espérer que le canal sacré par où il nous parvient dans ce moment précieux, l'aura rendu à une vraie et juste signification, dont tous les bons esprits, les amis de l'ordre auront bien su se pénétrer.

Il ne s'agira donc plus dans cette expression de rappeler les principes nouveaux et arbitraires qui n'ont été que des ressorts de cette révolution, à laquelle il est enfin mis un terme qu'il s'agit de garantir contre tout retour.

Toute révolution est fille de l'ambition, de l'injustice et de la violence ! Remontez à sa source, vous y découvrez toujours l'intérêt qui a fait tout mouvoir. Cet intérêt premier est ordinairement un secret mort avec les premiers instigateurs à qui il était propre; mais il a lui-même créé d'autres intérêts de personnes qui ont survécu et qui ont pratiqué le chemin qu'il leur avait ouvert.

Le premier intérêt a bouleversé et détruit, les intérêts secondaires ont cherché à créer en la place de l'édifice renversé, et chacun a étudié dans son plan le moyen de laisser pour lui un coin où se trouverait une part de la puissance publique, des honneurs, et surtout des richesses, dont il pourrait se saisir.

Ainsi, des assemblées nombreuses dans lesquelles certains hommes, les uns à l'aide d'une juste réputation; d'autres, et en grand nombre, d'une intrigue infatigable, se sont impertubablement élevés, et sont devenus des hommes nécessaires, parce que la lassitude des troubles a jeté la masse du peuple dans la stupeur et l'inertie. On a donc créé des établissemens et des emplois onéreux à l'Etat, et qui une fois inventés, ont placé tout l'Etat même dans cet intérêt nouveau, qui assurément ne peut être qu'un principe de trouble et de destruction.

Il serait triste que ce principe vicieux eut dû encore l'emporter aujourd'hui, que la France, abîmée des derniers excès des malheurs, sans doute trop puisés dans cette source, vient par une vraie nécessité reconnaître le droit de son Souverain légitime, et se jeter dans ses bras.

On a trop répété que la France n'avait point de droit public ni de Constitution, quand la révolution a tout arraché : çà été le prétexte des novateurs qui n'ont rêvé Constitution, que pour masquer leurs desseins, et fait en sorte de se saisir du pouvoir, à la faveur de l'état naturellement chancelant, de tout établissement naissant.

Mais il faut le dire, l'horrible injustice et les violences avec lesquelles il a fallu procéder, n'ont que trop attesté le mensonge que l'on professait en accusant l'Etat d'être sans principe et sans Constitution : c'est comme si l'on nous disait que la colonne élevée aux armées françaises, au milieu de la place Vendôme, n'a point de fondement, en même temps qu'il faudrait un temps considérable et des procédés d'une grande force pour la renverser.

Je crois donc pouvoir assurer qu'il y a une Constitution française aussi ancienne que la monarchie. Elle réside dans les droits du monarque et le droit du peuple. Cela doit s'établir par les monumens de l'histoire, et surtout par le parallèle, des treize à quatorze siècles qui ont précédé la révolution, avec les vingt-cinq ans d'oscillations que nous venons d'éprouver.

Si l'on veut donc être de bonne foi, on verra qu'il s'agit de reconnaître cette Constitution, de l'asseoir sur ses véritables bases, et dût-il en coûter à quelques-uns le sacrifice de places acquises les plus avantageuses, ou d'espérances les plus flatteuses, c'est du droit existant de toute ancienneté qu'il faut s'occuper plutôt que de nouveaux droits à créer. Là, chacun retrouvera sa véritable place : nul n'aura plus à s'occuper de s'en faire une qui lui convienne mieux : la naissance et la fortune légitime reprendront leurs droits. Les talens et l'industrie montreront seuls à atteindre à celle-ci, qui, avec le temps procure le privilège de la naissance.

CHAPITRE II.

De l'ancien Droit public de France, et si la révolution en a véritablement créé un nouveau.

Le Droit public n'est pas toujours fondé sur une charte ou un contrat écrit. S'il en existe une qui ait le sceau du temps, elle doit-être respectée; ce qui est doit toujours être préféré à ce qui pourra être, quand il s'agit du bonheur des peuples, dont la tranquillité est presque le seul fondement : surtout si ce qui est seconde la paix publique, ou est secondé par elle.

Une charte nouvelle ne peut être qu'un ouvrage particulier, qui a dû sa naissance à des troubles qu'elle a appaisés; elle n'est bonne que lorsqu'elle est reconnue, puisqu'on n'a jamais eu un véritable moyen de la faire avec droit. Le Contrat social est une rêverie.

Mais à défaut d'une charte reconnue, ou qui ait le sceau du temps, il s'en fait une qui est dans tous les esprits éclairés : elle résulte des maximes et des usages qui ont servi de boussole jusqu'au moment où l'on est venu à s'en inquiéter. Il est bien difficile qu'une société civile, surtout un grand Etat, dont les maux ont leur appui sur des bases révérées telles que la religion et la morale publique, ait traversé des siècles, sans que ses maximes et ses usages aient embrassé le droit de tous.

Qu'est ce que le droit de tous? C'est la propriété et la sûreté. La sûreté réside dans la puissance publique, mais celle-ci n'existe qu'autant qu'elle a un fondement inébranlable. Or ce fondement, c'est la propriété elle-même qui fait que toute république reconnaît dans les corps des magistrats qui la gouvernent, un droit qu'ils exercent comme leur étant propre : mais surtout la Monarchie un droit également propre dans la personne du monarque.

C'est ce droit qui assure la puissance au Monarque, comme la propriété aux sujets : Or cette puissance ne peut être bien assurée dans la Monarchie, que par le moyen d'une succession garantie par les mêmes lois qui garantissent aux sujets leur propriété.

Si ces deux points sont clairement déduits des maximes et des usages reconnus de l'Etat, il n'est pas permis de dire qu'il n'a point de Droit public et de Constitution.

Ainsi les bases du Droit public d'un tel Etat seront, indépendamment de toute charte, que *le Roi règne de son propre droit, et par une succession non interrompue.* Ce droit fait une propriété dans sa personne et dans sa famille, mais en même temps il ne règne qu'afin d'assurer la propriété et la tranquillité au peuple qu'il gouverne, et qu'il ne doit à cet effet gouverner que selon les lois par lui reconnues.

Ces deux points ont été constants en France, ce n'est pas la révolution qui les a établis: c'est ce que personne ne peut contester.

Notre première maxime est donc que *le Roi de France règne de son propre droit, et que la succession au trône est établie dans la famille régnante, par droit de masculinité et de primogéniture.*

« Enfin, sous la troisième race, dit le président Hénaut, le droit successif, héréditaire, est si bien établi, que les Rois ne sont plus les maîtres de déranger l'ordre de la succession, et que la couronne appartient à leur aîné, par une coutume établie, *laquelle*, dit Jérôme Bignon, *est plus forte que la loi même*, cette *loi ayant été gravée , non dans du marbre ou du cuivre , mais dans le cœur des Français. »*

Le Roi règne selon des lois reconnues, mais ces lois ne descendent pas du ciel avec des caractères qui forcent à les admettre. Elles sont l'ouvrage de la puissance : y a-t-il une puissance particulière de faire la loi? C'est ce point qui fait la pierre d'achoppement.

Un écrivain justement célèbre mais qui a accumulé des sentences sur les droits publics, a distingué trois puissances : celle législative, celle exécutive, et celle de juger. Mais il n'a pas montré et personne, avant ni après lui, n'a pu démêler comment ces trois puissances peuvent se maintenir dans l'équilibre nécessaire, pour qu'elles existent chacune par elle-même : ce n'est que la rêverie du Contrat social.

Il faut penser , je l'imagine , que dans les vrais principes , toute Monarchie est essentiellement fondée sur une seule puissance , qui renferme tous les pouvoirs : mais ces pouvoirs sont tempérés par la présence du peuple, toujours intéressé et fondé à opposer ses droits, quand ils sont ouvertement violés.

Voilà pourquoi sans contester au Roi *d'être*

législateur et grand justicier de son royau-
me, ce qui est une deuxième maxime qui fonde
notre Constitution , on a reconnu, et l'usage le
plus antique a consacré deux points :

Le premier, que le Roi n'a jamais fait ou dû
faire la loi qu'en présence et de l'assentiment
général du peuple, présence réalisée par l'assemblée auprès de lui des principaux intéressés
au maintien de la propriété.

Le deuxième, qu'il n'a jamais pu exercer la
justice que par des magistrats ayant un droit
permanent , et légalement institués.

Il n'y a pas une page de l'histoire qui ne re-
trace et n'assure ces maximes, et qui par-con-
séquent ne vous offre une Constitution toute
faite. C'est ici qu'il convient de mettre les formes, même conservées par l'histoire, en parallèle avec les divers procédés de la révolution :
car c'est entre les unes et les autres qu'il faut
choisir, et ce serait rappeler notre auguste
Monarque, pour lui faire un présent bien funeste , que de ne pas asseoir les bases de son
gouvernement renaissant sur la vérité et la
justice.

Je prends dans l'histoire trois époques :

La première, est celle des Cours plenières,

tenues à des termes fixes, deux fois l'an, surtout sous les Rois de la deuxième race. On est
d'accord que ce furent des assemblées des prélats et des seigneurs réunis avec le Roi dans lesquelles se traitaient les grandes affaires, se fai-
saient les ordonnances générales et les lois, et
en même temps les jugemens les plus importans : ces assemblées, pour les affaires séculières,
s'appelaient Placités ou Parlements.

Hénaut doute jusqu'à quel point le peuple
eut part à ces assemblées ; mais il rapporte cet
aveu du droit des Français d'y prendre part,
dans un acte de promulgation des capitulaires
par Charles le Chauve, « telles sont les capitulaires de notre père, que *les Français ont
jugé à-propos de reconnaître pour loi, et
que nos fidèles ont résolu dans une assemblée générale d'observer en tout temps.* »

Il est certain qu'alors il n'y avait point de
distinction d'ordres. C'était la propriété qui
faisait venir à ces assemblées, et j'ai dit les
seigneurs, parce que la masse du peuple était
dans une espèce de servitude, et n'était point
véritablement propriétaire. Sans discuter entièrement ce point qui ne manque pas d'obs-
curité, il est certain que les seigneurs, dans ce

premier état des choses, ne représentaient que les principaux propriétaires du royaume.

La deuxième époque est celle où le règne de la féodalité ayant déchiré la Monarchie, et l'ayant partagée en une multitude de tyrannies subalternes, la royauté et le peuple sont également anéantis. Le Roi ayant des pairs et point de sujets, et la masse du peuple, n'étant que des serfs dont les travaux et les sueurs tournaient au profit du seigneur de l'enclave dans laquelle ils se trouvaient. Ce n'est pas dans cette époque qu'il faut chercher la distinction des droits du peuple. Mais le Roi dont l'autorité est affaiblie, non-seulement, ne peut méconnaître le droit des gouvernés de tempérer sa puissante législative : mais encore les droits des principaux propriétaires d'alors, se sont presque égalés aux siens, ceux-ci s'étant emparés de plusieurs des principales prérogatives de la puissance royale, telles que d'armer, de rendre la justice en leurs noms, comme droit de patrimoine, et même de battre monnaie.

On ne peut donc tirer de cette deuxième époque, d'environ trois siècles, que ce seul point, que le droit de la propriété, quoique dans un petit nombre de mains, est reconnu à côté de celui de la souveraineté du Monarque.

Enfin la troisième époque est celle qui suit les établissemens des droits de bourgeoisie et des Communes : c'est une reconnaissance du droit du peuple à la liberté et à la propriété : il en naît un ordre de sujets du Roi qui admis en tiers dans les assemblées générales, s'est appelé le Tiers-Etat. Cette admission du Tiers-Etat aux assemblées générales, remonte à 1303, sous Philippe-le-Bel : depuis ce temps, jusqu'à Louis-XIII, les ordonnances se sont constamment faites dans l'assemblée des Trois-Etats du royaume, que l'on a appelé les Etats Généraux.

Il n'est point question de réveiller ici cette forme des Etats-Généraux, et de discuter les droits respectifs des trois ordres, qui n'ont pas toujours existé et qui n'existent plus. Il faut même remarquer qu'un des effets indélébiles de la révolution, c'est d'avoir complété cette restitution des droits du peuple, que nos Rois ont commencée par l'établissement des Communes, en le faisant participer à la pleine propriété, par le dégagement des terres de tous les droits de la féodalité. Cela eût pu et dû se consommer avec plus de justice par la voix des remboursemens. Au reste ce dégagement n'a pas consisté à affranchir les terres du prix qui en tait dû ; il avait suffi d'en admettre le remboursement. Cet affranchissement, sans remboursement, n'a été qu'une violence ajoutée au plan d'abord assez sagement combiné de ce dégagement de la propriété. Quoi qu'il en soit, en liant les établissemens de la Monarchie dans la deuxième race, avec ces droits du peuple restitué dans la troisième, il n'en résulte que la reconnaissance du droit des Français d'assister le Roi dans les principaux actes du gouvernement, surtout dans l'exercice du pouvoir législatif : ce droit appelé dans le dernier état droit de remontrances, est essentiellement le droit de mettre la propriété à l'abri de l'invasion de la puissance illimitée.

Depuis 1614, les Etats ont cessé d'être assemblés. Le Parlement qui n'avait été établi et fixé dans un siége certain, à-peu-près dans le même-temps de l'établissement des droits de bourgeoisie et des communes, que comme Cour de justice, mais qui en s'associant les Pairs de France formait une véritable colonne de la Monarchie, a, autant qu'il a pu, conservé le droit de remontrances, en l'absence des Etats, dont il réclamait la convocation dans tous les temps difficiles ; c'est ainsi qu'il s'était dit lui-même les *Etats au petit pied.*

D'un autre côté, le Roi, depuis cette époque, a voulu, à différentes reprises, suppléer aux Etats par des assemblées de personnes qu'il convoquait sous le titre de Notables du royaume ; mais il n'a pu en tirer aucun fruit pour le bien public, parce que ne venant que de son seul choix, ils ont été plutôt regardés comme des instrumens du pouvoir, que comme des conservateurs des droits du peuple.

On ne peut pas douter que ce ne soit cette incertitude à laquelle on était arrivé, qui, tout en favorisant des vues ambitieuses et criminelles, a amené des résultats utiles de la révolution. L'abolition des trois Ordres en est un, parce qu'elle ramène le moyen de replacer sans querelle, et sans convulsion, le Roi au milieu de son peuple, dans l'attitude qu'il avait dans un des beaux règnes de la Monarchie, celui de Charlemagne ; car il faut remarquer que ce droit du peuple français, ou, comme s'explique Charles-le-Chauve, des Français, n'est pas dans la distinction des seigneurs de fiefs et des bourgeois manans et habitans, qui est venue bien depuis ; il y a long-temps que l'usurpation des premiers est jugée, et l'égalité de droit des derniers, comme Français, est une véritable restitution du droit public de France.

Ce n'est pas pourtant que je veuille insinuer qu'il n'y a point, ou qu'il ne doit point y avoir d'Ordres dans l'Etat : je pense au contraire que la distinction des Ordres est de l'essence de la Monarchie, et qu'une grande Monarchie sans distinction d'Ordres, est une confusion. Mais je traiterai ce point ci-dessous.

Mais pour ce qui m'occupe maintenant, où nous conduit cette restitution des droits du peuple? Est-ce à penser qu'on puisse et qu'on doive faire vaciller éternellement la Monarchie par des établissemens nouveaux et fantastiques, et surtout onéreux à l'Etat, et uniquement propres à favoriser l'ambition et la cupidité au péril de sa ruine?

Comment, en effet, procède la révolution française ? Elle flatte toutes les prétentions des assemblées nombreuses ; elle appelle de toutes parts la brigue et la cabale ; et le moins que l'on puisse convoiter, c'est d'avoir de bons gages à toucher dans des corps, où n'apportant trop ordinairement le fruit d'aucuns talens, on ne peut être que vendu, par avance, à l'audace qui aura su prédominer. S'il n'est pas une phase de la révolution à laquelle tout le monde ne puisse faire tout naturellement l'application de cette réflexion, elle est donc d'une vérité incontestable.

L'assemblée de 1791 jette sur la Monarchie l'opprobre et tous les germes d'anéantissement. Cependant ses vues sont acceptées ; mais ce n'est que le signal d'un déchaînement qui succède rapidement, dans lequel la majesté du trône succombe sous le plus atroce des crimes : ce crime est couronné par l'assassinat régularisé de tout ce qu'il y a de considérable, ou par les vertus que l'on craint, ou par les richesses que l'on convoite.

C'est dans ce trouble funeste que naît d'abord une seconde constitution, si insensée, qu'elle meurt en voyant le jour ; ensuite une troisième, qui appelle de nouveaux corps, dont ceux en grand nombre, saisis du pouvoir, se réservent contre le vœu bien prononcé de la France entière, de faire une partie intégrante, mais la plus forte partie.

Néanmoins des idées de retour à l'ordre et à la justice se manifestent dès l'entrée de ces corps dans leurs fonctions : mais aussitôt les élémens de l'anarchie, si soigneusement conservés, reprennent leur empire : la déportation des gens de bien, dans des contrées et avec des procédés où leur mort est assurée, est la suite du mouvement, et les assemblées se traînent avec les cinq directeurs sur des actes de gouvernement dénués de tout appui, de toute force, et qui amènent de toutes parts le ridicule, la désobéissance et la révolte.

Elle vient cette révolte ; car il faut l'avouer, s'il y avait un gouvernement légitime, la retraite d'une partie des législateurs, et ce combat d'un moment, pour substituer les consuls aux directeurs, ne fut qu'une conjuration couronnée du succès : si le gouvernement n'était pas légitime, ce ne fut qu'une usurpation violente substituée à une autre.

Nouvelle constitution, elle n'est que le marchepied du trône renversé aujourd'hui ; elle procède aussi par une création de corps considérables, où les coopérateurs de cette grande œuvre trouvent leur récompense ; mais on sent bien que le danger de ces corps est d'enchaîner le Monarque, et de ne lui laisser qu'un pouvoir nul ; aussi l'usurpateur qui les crée ou les souffre, met-il tous ses soins et tout l'ascendant de sa puissance à les paralyser entièrement, et à n'en faire qu'un manteau pour couvrir l'exercice de sa volonté la plus absolue et la plus libre. Ainsi ces corps sont dépouillés de toute influence et de tout moyen d'être utiles ; mais les individus conservent des honneurs et de bons traitemens.

Et encore, sur quels élémens ces corps ont-ils été créés ? Sur les restes de ce gouvernement détruit, qui eux-mêmes, par un enchaînement d'usurpations, ne sont issus que de ce noyau des destructeurs de la Monarchie.

Je proteste avec vérité que je n'esquisse ce tableau, dont aucun trait n'est méconnu et ne peut l'être par qui que ce soit, que pour conduire à une seule remarque ; c'est de craindre que ce que l'on paraît appeler les élémens nécessaires de la constitution, les corps que l'on veut établir de nouveau comme soutiens du trône, ne soient que la filière trop soigneusement conservée des instrumens de l'avilissement de ce même trône, de sa destruction, de l'anarchie qui lui a succédé, et de la grande usurpation qui s'en est suivie.

Je demande à toute personne de bonne foi,

si la conservation des corps ainsi constitués, ou leur reconstitution sur les mêmes élémens, pourra jamais ressembler au rétablissement des droits du peuple, mis à côté de ceux du Roi. On peut dire, sans avoir l'intention de verser l'offense sur qui que ce soit, que nous avons assez tristement éprouvé l'inconvénient et le danger de ces créations de corps qui n'ouvrent que la voie à l'ambition et à la cupidité, et où le moindre mal est de n'offrir à ceux que l'intrigue y place, qu'un seul intérêt à garder celui des honneurs, et surtout de l'argent qui les regardent. Joignez que la conservation de ces élémens, le nouvel établissement des corps dispendieux qu'ils composent sera perpétuellement la source de la ruine de l'Etat; car ces corps n'ajoutent rien à la splendeur du trône qu'il faut cependant aussi rétablir.

Si l'on ne veut point s'exposer à ces reproches, ni tomber dans ces inconvéniens, il faut donc se borner de bonne foi à retrouver les vrais élémens de la Constitution essentielle de la Monarchie française.

CHAPITRE III.

Des moyens de rétablir la Monarchie en rétablissant sa Constitution sur ses vrais élémens.

Il n'y a de sûreté dans un Etat, que lorsque tout y est fondé sur un droit incontestable, et que personne n'oserait tenter d'intervertir. Il ne s'agit pas de jeter du doute sur des maximes salutaires, qui, du milieu des troubles de la Révolution, ont fait entendre le cri d'une justice souveraine. C'est que si la possession du trône est un droit, c'est autant que ce droit est secondé par le droit de tous qu'il conserve. Le Prince gouverne pour les sujets, et non pour lui. Les sujets sont au Prince, par son amour pour eux : le Prince est aux sujets, par ses vertus et sa fidélité à ses devoirs. On ne craint pas d'énoncer ces maximes qui sont celles par lesquelles la bonté paternelle du Roi s'est annoncée elle-même.

S'il est dans l'ordre de la Providence, qu'il y ait des hommes supérieurs aux autres, c'est parce que, sans cela, il n'y aurait aucun lien de société civile. Il eût, sans doute, été à souhaiter que tout pût être égal entre les hommes : mais dans le conflit des passions, dont il a été nécessaire que l'homme fût animé, cela n'a pu subsister. La force a ses degrés, tous les individus n'ont pas la même : il en est de même, à plus forte raison, du génie, de l'activité et des autres qualités humaines.

Ce que le plus hardi a saisi le premier, a fait la propriété : elle dut être respectée, puisque, sans cela, la guerre entre les hommes n'eût fini que par l'extermination du dernier des faibles, par le dernier des forts. Dieu a donné le génie pour enchaîner la force; delà, tout se lie dans la société. L'industrie produit et fait acquérir; la sagesse conserve, et la puissance maintient tout. Dans cette situation, le juste et l'injuste s'expliquent, et le droit naît.

Le droit de la naissance est aussi juste dans son fondement, que tous les autres, parce que la nature appelle chacun à succéder à l'auteur de ses jours, dans tout ce qui a pu légitimement appartenir à celui-ci. Tout système de propriété serait renversé, sans cet appui, qui est le même, et que l'on respecte dans toute la terre.

Tel est donc le double fondement de tous les droits; la propriété et la succession. Ce double fondement a été assis en France, n'a jamais été méconnu, et a surnagé dans toutes les secousses que ce grand Etat a pu éprouver.

Ainsi, comme je l'ai fait sentir, le droit du Roi de ne tenir la couronne, que comme lui étant propre, et comme un attribut de sa naissance : celui du peuple, de conserver sa propriété, en assistant le Roi en assemblée générale, dans les principaux actes de sa puissance, sont des droits essentiels qui naissent de la propriété même, et des élémens qu'on ne peut détruire ni affaiblir.

C'est une pure illusion, que d'imaginer ne rétablir le trône qu'en rappelant le Monarque par un vœu libre : oui, ce vœu est libre, mais il l'est seulement par l'amour des peuples et la force des principes qui l'ont toujours rappelé. Mais si l'on veut donner à cette expression un autre sens, il ne faut qu'observer que si le Roi ne venait pas dès à présent par le droit de l'ordre non interrompu de la succession, cet ordre qu'on établirait aujourd'hui, n'aurait point de fondement solide, et pourrait être détruit, et nous jeter à tout instant dans de nouvelles convulsions.

L'ordre de la succession est si essentiel, que la première pensée d'un usurpateur, est d'en dicter la loi, et que ceux qui se saisissent des places, qu'ils veulent être l'appui du nouveau trône, songent d'abord à les assurer de même à leurs enfans, quelle que soit la nouveauté de leur droit, dont ils s'étonnent euxmêmes. Cet aveu solennel de la nécessité de l'ordre essentiel de la succession, montre donc que cet ordre n'a pas pu être plus légitimement rompu pour le passé, qu'il ne pourra l'être pour l'avenir, et que c'est par ce droit que le Roi vient, et non par aucun autre. Je laisse à tous les bons esprits à tirer, pour reconnaître notre situation, toutes les conséquences qui découlent naturellement de ce principe.

Le droit ancien et primitif des Français d'assister le Roi dans les actes de sa puissance, dans des assemblées générales, est aussi émané de sa propriété et du droit de succession. L'institution de l'ordre du Tiers, lorsqu'il n'avait point de vraie propriété, amena seule le droit d'élection : ets-ce de ce dernier droit plutôt que du premier, qu'il faut partir pour rétablir le droit du peuple? et doit-il y avoir un ou plusieurs corps électifs qui exercent, par leur titre, le pouvoir législatif? J'ose affirmer que cela est contre la nature des choses et contre les principes essentiels de la Monarchie. La puissance royale est une : elle peut et doit être tempérée : mais il ne faut rien admettre de ce qui, en la divisant et la déchirant, n'est capable que de l'avilir. Et c'est ce dont vous ne la garantirez jamais, lorsque des corps de cette nature ouvriront à quelques individus, une voie pour élever leur ambition et partager cette puissance. Que dut-on penser quand on vit un Prince alors du premier rang, devenu depuis citoyen trop célèbre, se faire, au mépris du droit de sa naissance, député élu par quelques bailliages, et solliciter cette élection dans d'autres qui la lui refusèrent (1)!

Le droit du peuple est comme les droits du Roi, essentiel et nécessaire : mais c'est en

______

(1) L'auteur a entendu et repoussé fortement cette demande dans un des bailliages de l'apanage ; il fut fort effrayé de ses conséquences qu'il osa expliquer.

l'exerçant, selon sa nature, et immédiatement autant que cela peut être : et non par des intermédiaires, qui, en venant par le droit pur de l'élection, ne sont jamais que les enfans de la brigue et de la cabale. Il faut que ceux qui stipulent les droits du peuple, aient un droit propre à la représentation, droit qui ne doit être que dans leur seul intérêt plus grand qu'à tous autres, au maintien de l'ordre.

Des représentans, élus sont, ou dans l'anéantissement, ou des élémens de boule versement. Lés hommes les plus capables du bien, sont ceux qui ont le moins d'empressement à se produire, et ceux dont le zèle se produit avec tant d'éclat, sont ordinairement des hommes avides de biens et d'honneurs, disposés d'avance à tout sacrifier pour servir leur ambition.

Les élections dans un grand Etat, ne sont qu'une lutte entre le Gouvernement et le peuple ou ses meneurs : si le Gouvernement se corrompt ou est faible, tout est corrompu ou tend à la dissolution; elles sont d'autant plus dangereuses, que les électeurs serónt plus nombreux, plus mélangés des différentes classes, et de personnes, surtout, qui n'ayant point ou ayant peu d'intérêt actuel à la propriété, n'ont à spéculer que sur de nouveaux moyens de parvenir et d'acquérir.

Les Cours plénières ne demandaient point d'élections, chacun y venait de son propre droit : c'est ce propre droit qui fait la force des institutions dans la Monarchie. Celui qui vient par droit ou par devoir, remplir une fonction qui lui est propre, vient avec un bien autre poids, et environné d'une autre confiance, que celui qui vient avec l'apparence d'un mandat extorqué, mal conçu, et dont le véritable objet est ce qui l'occupe le moins. Les constituans se jouèrent de leurs mandats, et les autres n'en eurent plus. Mais si celui qui vient de son propre droit, vient aussi à ses propres dépens ; combien il a plus de dignité, combien il est au-dessus de la créature gagée, qui songe à son argent et à d'autres avantages ?

D'ailleurs, donnez tout à la propriété, vous attirez toute l'attention sur la prospérité du sol, qui est la source de toutes les richesses : vous encouragez l'industrie, qui en dernière analyse, fait acquérir les biens : vous secondez l'ordre et l'économie qui les conservent et les augmentent : c'est un point de départ d'où découlent toutes les sources du bien public que l'on peut souhaiter.

Il faut dire qu'outre la propriété, la dignité faisait aussi venir aux Cours plénières. Mais la dignité existe encore, et elle existera toujours, c'est proprement l'ornement du trône : la noblesse qui en est issue, est son soutien. C'est ici qu'il faut revenir à la nécessité de la distinction des ordres. Il y a deux sortes d'ordres, celui permanent de la noblesse, et celui de la chevalerie qui est une des institutions anciennes tutélaires de la Monarchie, la nature de ces ordres ne doit point se confondre.

Quest-ce qu'un ordre ? c'est une distinction des personnes séparées du commun du peuple ; le droit de succession étant établi et nécessaire, soit que toutes les dignités fussent héréditaires ou non, les enfans des dignitaires durent toujours participer aux distinctions honorables dont leurs pères avaient joui ; et cela suffit pour établir la noblesse, qui ne fut que l'heredité d'un état distingué. Que cela ait été jusqu'à attribuer des priviléges dont il résulta que la loi et les charges publiques n'étaient point égales pour tous, c'est ce qui n'était qu'une source d'abus que la révolution a justement détruits.

Il est bien de la nature de la Monarchie qu'il y ait des dignités et des titres héréditaires, une noblesse héréditaire qui y forme un ordre distingué. Mais en même temps un ordre n'est pas un corps politique, et il est de l'ordre nécessaire de la Monarchie que tout y soit égal devant la loi, c'est-à-dire, qu'elle commande à tous également, que les charges publiques ne reconnaissent que la proportion des facultés, et que toute personne puisse aspirer par ses services et les autres circonstances qui élèvent, à parvenir aux plus hauts degrés de la dignité et de la noblesse.

Voilà ce que retracent véritablement les premiers élémens de la Monarchie française, et ce que le Roi a établi dans les bases qu'il a daigné nous présenter.

Quant aux ordres de la chevalerie, ce sont des distinctions personnelles et honorifiques, qui, dans la main du Souverain, sont le moyen de satisfaire à sa justice et à sa générosité, en distribuant des récompenses que tout l'or des deux mondes ne pourrait jamais remplir. Cette récompense appartient aux services publics, indépendamment de la condition des personnes de qui l'Etat les reçoit : c'est ce qui a été constamment reconnu.

Le reste du peuple n'est point un ordre : on peut seulement y distinguer les droits qu'attribue la propriété, sans qu'il en résulte une distinction des personnes, parce que chacun y a sa part plus ou moins grande.

Il y avait encore l'ordre du clergé ; mais c'était un corps et un état particulier, et non un ordre. Le clergé a, dans ses saintes institutions, une autre destination que celle de conduire les affaires séculières. Toute corporation ne formerait un ordre dans l'Etat que pour y commander, et quelquefois le renverser. La différence d'un ordre et d'une corporation, c'est une unité de principes et d'intérêts qu'un ordre n'a pas, et qu'une corporation a toujours. Le clergé, comme corps, doit avoir ses assemblées propres, qui s'occupent des intérêts de la religion ; mais, comme dans les deux premières races, ces assemblées ou synodes doivent n'avoir rien de commun avec les Etats du royaume ; mais les prélats et autres personnes considérables du clergé ne sont point exclus d'entrer dans les corps de l'Etat, où l'on est appelé par la dignité et la propriété ; c'est ainsi qu'ils ont fait partie des Cours plénières ou des anciens Parlemens.

Ainsi il y a deux élémens principaux pour

la conservation des droits du peuple et le rétablissement des assemblées générales des
Français, représentatives de tout le peuple.
Ce sont, d'un côté, les princes, les dignitaires
et les possesseurs de titres héréditaires dési-
gnés avec cet attribut : les uns et les autres doivent y venir directement et individuellement,
comme par un attribut de leur dignité et de
leur haute propriété. Ils auront un droit de
séance distincte : ils reprendront ainsi le droit
qui leur a toujours appartenu. On voit qu'ils
ont le droit de la succession dans leur propre
titre.

Faut-il parmi eux appeler, comme de plein
droit, les personnes qui se trouvent en possession des dignités créées par le gouvernement
renversé par ses propres abus, ou faut-il les
exclure? Si l'on défend, ou l'on attaque en cela
les institutions ; je réponds que c'est demander
s'il faut conserver ou détruire le deuxième étage
d'un édifice dont on arrache les fondemens, et
dont on détruit le premier ; si cela s'adresse
aux personnes, je ne vois point de principe
général d'exclusion : il appartient au Roi de
distinguer les services réels rendus, ou le mé-
rite non contesté.

Le deuxième élément ; c'est le droit des simples propriétaires et des communes. Mais n'appelle-t-on pas en eux nécessairement le droit d'élection, et peuvent-ils venir autrement ? Je pense qu'il est à souhaiter de les faire venir de leur propre droit et d'anéantir le droit d'élection. Cette proposition ne sera pas un paradoxe, si l'on veut faire attention qu'il est aussi facile de faire venir immédiatement le plus haut cotisé, ou les deux ou trois plus hauts cotisés de chaque arrondissement communal, que d'assembler les six cents plus hauts cotisés pour élire dans chaque département.

Cela, m'a-t-on observé, présente deux inconvéniens : le premier, que la simple désignation des plus hauts cotisés fera venir les propriétaires avec leurs vices et leur incapacité comme avec leurs talens et leurs vertus.

Il faut répondre qu'on peut établir des causes d'exclusion attachées aux vices signalés, comme aux jugemens flétrissans, aux dettes notoires, à une réputation constante d'immoralité ; mais l'élection même n'a pas été exempte de ces inconvéniens.

D'ailleurs, supposé qu'il y ait beaucoup de difficulté à appeler de plein droit les plus hauts cotisés, au moins ne doit-on élire que parmi eux, et au lieu de six cents plus hauts cotisés par département, on peut réduire les électeurs à vingt ou trente par arrondissement; c'est toujours diminuer les plus grands inconvéniens de l'élection, et ne l'accorder que par ceux et pour ceux qui pourraient venir de leur propre droit.

Quant à la capacité, le nombre des membres des communes aux Etats, garantit seul qu'il y aura une capacité suffisante parmi eux.

« Le deuxième inconvénient est la difficulté de voir que l'assemblée des communes, à raison même d'un seul par arrondissement, en donnerait un trop grand nombre pour que cette assemblée pût être bien réglée. Mais, n'a-t-on pas le moyen, s'il fallait réduire, de combiner deux ou trois arrondissemens ensemble? Au reste, en donnant un membre au moins, et trois au plus par arrondissement, le tout irait de six à sept cents (1).

____

(1) Il me semble que le préfet ou le magistrat administrateur du département pourrait donner une liste du plus haut cotisé, ou de deux ou trois plus hauts cotisés dans chaque arrondissement, dans laquelle on choisirait, dans une forme convenue, le nombre de représentans des communes qui devrait être fournis par les départemens.

Voilà au surplus ce qui peut reproduire les anciens seigneurs et propriétaires du royaume, exerçant le droit des Français, reconnu par Charles-le-Chauve, dans l'ordre des anciens Parlemens du royaume. Voilà des corps intermédiaires qui, une fois reconnus, subsistent sans efforts, sans convulsions, et par eux-mêmes, sur lesquels la cabale et l'intrigue n'ont point de prise. Ils viennent avec un droit propre. Mais, que viennent-ils faire? Est-ce la loi? sont-ils le pouvoir législatif? Non, jamais la loi n'a été faite que par le Roi; mais ils viennent donner leur assentiment à celle qui est proposée, et opposer leurs sages remontrances à celle dont la proposition viole des droits constans et reconnus, ou dont les conséquences peuvent porter atteinte à la paix publique.

Mais ils viennent avec un droit incontestable, c'est d'accorder ou de refuser les impôts et les taxes qui attaquent la propriété, et de recevoir ou rejeter le budjet des dépenses publiques, d'où procède le besoin de nouveaux impôts quand les dépenses n'ont pas une juste mesure.

Ce dernier droit n'est pas retracé dans les usages antiques des Parlemens, parce qu'alors on ne connaît point de contributions publiques. Le Roi avait des revenus suffisans, les seigneurs avaient ceux des bénéfices avec lesquels ils armaient et jugeaient au nom du Roi, faisant la dépense chacun de leur côté.

Les impôts commencent par l'invention de la taille, que le Roi substitue à celle abolie par les affranchissemens, et dont en conséquence les seigneurs ne purent pas être frappés. Le système des finances se développe, mais les exemptions se maintiennent et s'étendent.

Quoi qu'il en soit, dès que les impôts viennent attaquer la propriété, que le Roi garantit dans son intégrité, il faut bien qu'il rende le peuple juge de la nécessité qui les commande. Et de là naît un vrai droit des corps de l'Etat, de consentir à l'impôt demandé. Aussi ce droit est maintenant reconnu dans la déclaration auguste et vraiment libérale de Sa Majesté.

Mais ces corps ne deviennent pas eux-mêmes un objet de dépense, une charge du budjet; puisque dignitaires ou simples propriétaires, étant pris parmi tout ce qu'il y a de plus riche en France, ils n'ont à aspirer à aucuns gages ni traitemens pour cette fonction qui n'occupe que peu de temps à une époque déterminée. Une représentation à gages est la caricature, et la honte de la représentation. Vous trouvez dans les choses ainsi entendues, le double avantage

d'avoir des représentans du peuple désintéres-
sés, et d'autant plus forts de leur dignité ; et
qui s'ils ont à s'occuper d'un intérêt qui leur
est propre, n'ont dans lui qu'un intérêt lié à
celui de tous, et aussi de supprimer un des
grands objets des dépenses publiques, qui a
été toujours croissant depuis la révolution.

Ce retour à nos anciennes formes, brise les
instrumens du passé, dont il faut que tous dis-
paraisse jusqu'au souvenir.

Je dis jusqu'au souvenir, parce qu'à l'oubli
magnanime offert par le Roi, s'ajoute aussi l'em-
barras de taxer et de limiter les torts. Comment
distinguer ceux qu'un intérêt coupable a mus,
de ceux qui n'ont été qu'emportés par les fausses
maximes philosophiques, que les agitateurs ont
répandues, et par l'effervescence trop générale
qui en a été la suite, même par la crainte ? Comment faire le procès à ceux que leur position
a mis dans la nécessité d'agir, en épargnant
ceux que la plus honteuse inertie a retenus dans
le silence ?

Il semble que dans des circonstances aussi
graves, il n'est presque pas un homme si pur,
qu'il ait le droit de se livrer au blâme et à la
recherche des torts d'autrui. Il faut rentrer dans
l'état paisible et assurant du règne des lois avec

des sentimens conformes à ce qu'il demande. Il faut voir uniquement dans l'avenir les moyens de bien mériter du prince et de la patrie, par le simple effet de ces sentimens et du bon esprit.

Si j'ai donc parlé d'instrumens à briser, ce n'est point en m'occupant des personnes, toutes se retrouveront dans l'Etat rétabli, les unes par la dignité à laquelle on pourra reconnaître qu'elles ont droit ou à laquelle elles pourront être appelées ; les autres pour leur droit à la propriété, mais toutes surtout, il faut bien l'espérer, par l'amour du bien public, qui souvent renaît, même dans les ames perverses, comme malgré elles, tant est fort l'ascendant de la raison et de la justice !

Je n'ai jusqu'ici parlé que de la première fonction du Monarque, celle de Législateur, il y a aussi celle de *grand justicier* de son royaume, dont il faut dire quelque chose. Cette expression peut paraître gothique ; cependant elle porte son caractère dans nos maximes, en montrant que le droit du Roi à cet égard n'est pas d'être juge immédiat, ce qui n'est même pas possible, mais qu'il est de faire seul et exclusivement rendre la justice dans son royaume. C'est donc sur lui seul que

repose la justice , aussi bien que le gouvernement et l'administration publique ; mais il doit
faire rendre la justice par des magistrats légalement institués, et obligés de la rendre selon
les lois reçues.

Leur caractère est l'indépendance , la capacité et la vertu. L'indépendance , elle repose
sur deux points :

Le premier , c'est d'être dans un état d'ai-
sance qui les mette au-dessus, du besoin. Il
peut être à désirer que toutes les places de
juges puissent se trouver remplies par des personnes qui n'attendent ni gages , ni émolu-
mens. Juger n'est point une profession , encore moins un métier : cependant il faut
avouer que cette haute conception de désin-
téressement est trop opposée à notre situation.
Les besoins sans cesse croissans font qu'il n'est
presque point de fortune dans l'ordre commun où se prennent les juges, qui n'ait besoin
d'un allégement pour soutenir sa dépense,
surtout dans un état qui demande beaucoup
de décence extérieure.

Il y aurait de l'injustice à ne pas reconnaître que dans la médiocrité des gages de
l'ordre judiciaire, cet ordre est resté généra-
lement très-pur. Au reste, pour compenser

cette médiocrité des traitemens, il faut dire qu'un rang distingué et des titres pour récompense, même des marques ultérieures de la confiance du roi, sont le profit dont le vrai magistrat se montrera toujours le plus jaloux.

Le deuxième point de l'indépendance, c'est l'inamovibilité; elle doit consister en ce que tout juge soit nommé pour sa vie, et ne puisse être démis que par un jugement et pour cause de forfaiture ou d'incapacité survenue, comme l'insolvabilité notoire ou l'inconduite qui diffame.

La capacité, elle doit être éprouvée. Les études et les degrés dans la science des lois en font une première preuve. La vertu, elle se présume par la moralité, puisée dans une bonne éducation. Un juge doit toujours être né de bon lieu.

Les compagnies ne se tromperont pas sur ces conditions d'admission, si la vérification leur en est restituée.

La vénalité des offices de judicature a toujours été regardée par les magistrats et les jurisconsultes, malgré le doute exprimé par Richelieu, comme le plus grand vice de cet ordre, et le plus grand obstacle à la bonne composition des Cours et des Tribunaux. La patrimonialité des justices a été un exemple dont l'esprit de finance s'est emparé pour aliéner aussi en détail la justice du Roi ; mais tout est, à cet égard, rentré dans le meilleur ordre.

La justice est civile et criminelle.

Dans la justice civile, se placent les juges de paix, institution salutaire pour le peuple si elle était bien suivie ; il faudrait que ces juges fussent environnés d'une grande considération. Ce ne peut être qu'en les soumettant à des conditions d'admission qui supposent que cette place ne doit reposer que sur des personnes capables d'exercer les autres places de la magistrature.

On a trop mis les juges de paix sur la ligne des juges de villages, dont le jurisconsulte Loiseau a remontré les abus avec une vérité qui s'est montrée la même jusqu'à nos jours. On a fait pis pour les juges de paix puisqu'on a vu, par le défaut de conditions d'admission, y instituer des personnes illétrées, de simples artisans même fort grossiers.

La justice criminelle est bien divisée en instruction et en jugement, peut-être trouvera-t-on que les juges doivent avoir eux-mêmes la fonction des jurés. Le jury est une institution de pure imitation, dont la convenance avec nos mœurs et l'utilité ne sont pas encore bien reconnues.

Est-ce une institution véritablement monarchique? et est-il de la nature d'un grand Etat que les simples particuliers apportent à la connaissance des crimes cet intérêt qui tout en s'appropriant le tort, s'approprie en même-temps la défense du malheureux accusé?

S'il ne s'agissait que des délits ordinaires, tels que le larcin, le vol, la violence, on peut croire que l'indifférence la plus apathique n'empêcherait pas de se livrer à cette sorte de devoir de concourir à la répression du crime, ou de redresser l'injustice d'une accusation non fondée.

Mais quelle multitude de crimes dont l'essence morale demande l'attention la plus suivie, et un zèle impartial qui n'est pas de la nature de la plupart des hommes, emportés par des occupations ou des intérêts journaliers qui les absorbent! Le faux, la concussion, la banqueroute!... Dans tous ces cas, où la singularité des circonstances prend souvent la place du véritable intérêt de la question, avez-vous bien de vrais juges dans les jurés?

La prévention n'y a-t-elle pas trop de prise?

Si vous ajoutez les crimes politiques et tous ceux qui n'existent que dans un intérêt convenu, où l'esprit de parti peut si aisément se mettre à la place du sentiment de la justice!

On a senti ces inconvéniens, en distinguant des cas pour des juges spéciaux, qui remplissent les fonctions de jurés, mais par la raison de la nécessité de cette distinction, le jury paraît jugé. La sûreté dans cette partie n'est que dans l'uniformité des jugemens. Si les crimes d'état exigent plus que les autres crimes, ce ne doit être que plus de solennité et d'appareil : ainsi on joindra dans ce cas, comme dans l'ancien usage de la monarchie, la présence des Pairs ou Sénateurs, selon la dénomination du premier corps de l'Etat : la Cour aura fait l'instruction. En donnant des jurés pour les crimes ordinaires, et de simples Cours spéciales pour des crimes plus importans, il me semble que l'on prend le contre-pied; en tout cas, on montre bien l'insuffisance de l'établissement du jury et son peu d'utilité.

Mais, en général, en conservant les débats et la défense en public, on est assez à l'abri des erreurs, telles qu'on les a reprochées aux